DOUBLE DIGIT MULTIPLICATION MATH WORKBOOK

Educate MaTH

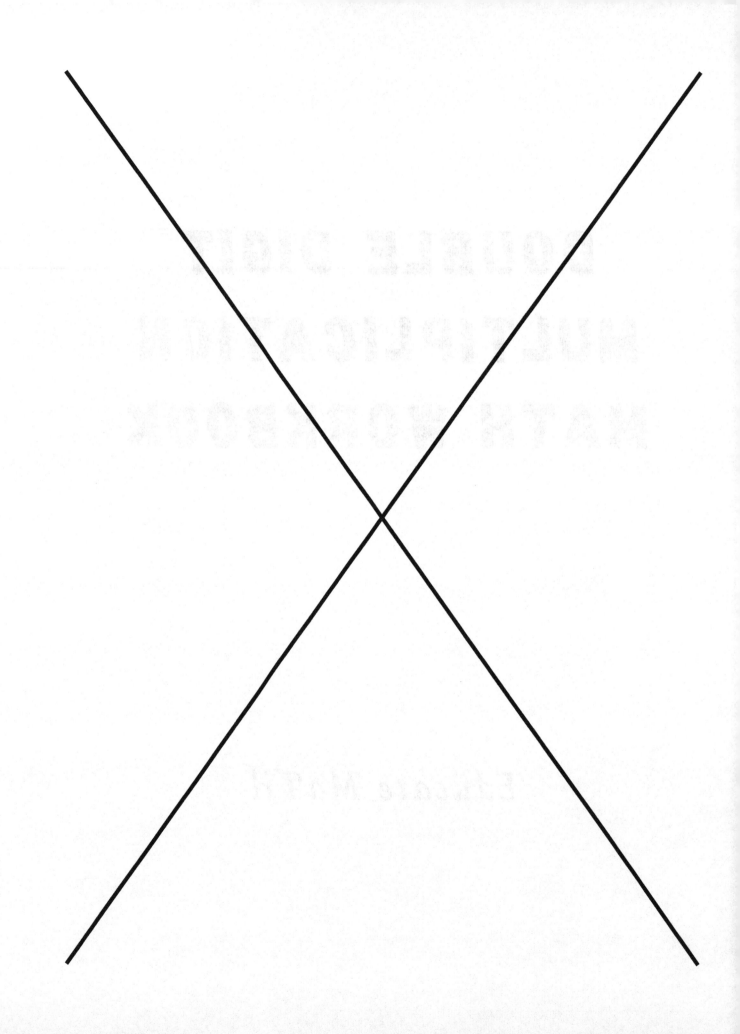

55 x 28	34 x 26	68 x 37	87 x 46
60 x 69	97 x 60	59 x 36	48 x 12
30 x 23	91 x 32	57 x 62	90 x 54
10 x 42	64 x 47	62 x 25	34 x 38

42 x 78	60 x 17	98 x 64	35 x 35
97 x 22	41 x 26	43 x 92	61 x 56
76 x 58	97 x 39	32 x 50	29 x 59
45 x 71	79 x 70	50 x 21	26 x 41

60	14	20	45
x 51	x 58	x 21	x 74

65	69	14	56
x 83	x 52	x 74	x 47

78	26	38	97
x 83	x 28	x 92	x 65

62	94	89	42
x 62	x 13	x 50	x 43

68 x 93	12 x 34	66 x 26	64 x 66
98 x 61	42 x 84	54 x 55	51 x 32
29 x 86	18 x 62	99 x 47	83 x 12
44 x 27	34 x 30	59 x 78	40 x 32

32 x 42	91 x 28	91 x 12	41 x 52
85 x 95	27 x 24	36 x 54	34 x 71
45 x 48	65 x 61	26 x 16	31 x 11
46 x 61	14 x 39	22 x 93	12 x 12

17 x 32	40 x 97	44 x 41	50 x 31
68 x 84	70 x 48	49 x 98	81 x 91
62 x 53	11 x 42	15 x 74	95 x 94
65 x 97	85 x 57	16 x 59	96 x 22

16 x 75	30 x 81	80 x 32	87 x 32
44 x 39	47 x 97	61 x 78	67 x 64
15 x 67	65 x 24	38 x 76	76 x 79
93 x 66	17 x 41	80 x 98	98 x 77

56 x 89	51 x 17	40 x 39	92 x 13
85 x 60	69 x 32	46 x 25	40 x 62
25 x 52	32 x 43	11 x 83	74 x 47
58 x 11	48 x 61	57 x 67	11 x 68

11 x 75	25 x 45	29 x 87	27 x 88
85 x 22	98 x 54	67 x 57	17 x 96
50 x 71	76 x 46	19 x 39	99 x 72
19 x 12	67 x 95	88 x 93	88 x 21

Name: _____   Date: __/__/__   Score: __/16

35 x 72	52 x 29	40 x 79	30 x 96
76 x 66	25 x 58	10 x 82	16 x 10
69 x 77	65 x 15	23 x 77	13 x 58
74 x 89	20 x 88	72 x 82	48 x 28

17 x 90	16 x 50	45 x 60	27 x 25
89 x 27	17 x 80	44 x 38	95 x 78
17 x 77	17 x 14	88 x 95	22 x 79
99 x 40	12 x 87	23 x 97	32 x 57

67 x 51	67 x 96	27 x 30	71 x 85
65 x 18	24 x 17	28 x 31	70 x 53
65 x 96	91 x 38	44 x 25	59 x 56
73 x 39	76 x 15	39 x 46	16 x 44

30 x 77	13 x 15	72 x 46	99 x 17
13 x 47	21 x 87	24 x 49	59 x 66
67 x 47	60 x 27	54 x 74	81 x 82
23 x 56	76 x 63	12 x 38	35 x 80

| 92 | 16 | 81 | 85 |
| x 36 | x 76 | x 71 | x 10 |

| 42 | 53 | 76 | 34 |
| x 34 | x 45 | x 48 | x 83 |

| 91 | 62 | 17 | 53 |
| x 51 | x 78 | x 38 | x 39 |

| 76 | 21 | 98 | 37 |
| x 84 | x 96 | x 87 | x 16 |

96 x 36	70 x 59	38 x 77	83 x 38
74 x 77	47 x 14	94 x 97	22 x 52
24 x 89	44 x 89	15 x 54	26 x 79
21 x 24	60 x 72	39 x 21	47 x 20

97 x 78	10 x 77	44 x 94	20 x 90
81 x 70	16 x 37	85 x 62	71 x 12
57 x 27	55 x 77	21 x 93	90 x 52
38 x 52	15 x 70	15 x 28	18 x 57

61 x 59	90 x 11	29 x 38	97 x 23
61 x 65	89 x 73	79 x 79	90 x 20
72 x 90	52 x 42	94 x 78	25 x 90
93 x 14	29 x 56	32 x 83	97 x 53

62 x 81	91 x 53	37 x 22	96 x 79
93 x 14	86 x 38	74 x 59	63 x 82
88 x 28	50 x 39	28 x 43	48 x 21
31 x 42	21 x 15	50 x 59	86 x 49

69 x 87	43 x 14	17 x 31	16 x 40
12 x 26	29 x 64	90 x 47	68 x 26
99 x 55	32 x 54	71 x 87	68 x 31
34 x 80	28 x 72	86 x 94	12 x 36

88 x 18	46 x 34	91 x 85	55 x 40
20 x 86	13 x 20	73 x 85	76 x 46
30 x 20	96 x 33	74 x 13	10 x 62
92 x 55	92 x 71	80 x 80	65 x 60

Name: _____   Date: __/__/__   Score: __/16

19 x 93	98 x 52	82 x 30	83 x 12
31 x 99	35 x 32	54 x 33	33 x 88
37 x 41	41 x 39	27 x 68	40 x 95
93 x 97	10 x 18	92 x 46	38 x 38

99 x 64	84 x 41	54 x 34	93 x 53
86 x 50	71 x 72	49 x 67	51 x 38
39 x 65	97 x 59	84 x 65	36 x 26
63 x 49	25 x 57	47 x 51	81 x 97

39 x 22	67 x 56	85 x 57	67 x 14
21 x 25	85 x 65	22 x 65	53 x 39
87 x 11	75 x 21	47 x 26	37 x 62
57 x 86	64 x 16	94 x 83	59 x 45

$$
\begin{array}{r} 43 \\ \times\ 57 \\ \hline \end{array}
\qquad
\begin{array}{r} 59 \\ \times\ 81 \\ \hline \end{array}
\qquad
\begin{array}{r} 51 \\ \times\ 16 \\ \hline \end{array}
\qquad
\begin{array}{r} 25 \\ \times\ 35 \\ \hline \end{array}
$$

$$
\begin{array}{r} 46 \\ \times\ 10 \\ \hline \end{array}
\qquad
\begin{array}{r} 56 \\ \times\ 47 \\ \hline \end{array}
\qquad
\begin{array}{r} 45 \\ \times\ 41 \\ \hline \end{array}
\qquad
\begin{array}{r} 61 \\ \times\ 36 \\ \hline \end{array}
$$

$$
\begin{array}{r} 55 \\ \times\ 68 \\ \hline \end{array}
\qquad
\begin{array}{r} 36 \\ \times\ 22 \\ \hline \end{array}
\qquad
\begin{array}{r} 34 \\ \times\ 31 \\ \hline \end{array}
\qquad
\begin{array}{r} 64 \\ \times\ 13 \\ \hline \end{array}
$$

$$
\begin{array}{r} 23 \\ \times\ 10 \\ \hline \end{array}
\qquad
\begin{array}{r} 42 \\ \times\ 77 \\ \hline \end{array}
\qquad
\begin{array}{r} 16 \\ \times\ 68 \\ \hline \end{array}
\qquad
\begin{array}{r} 50 \\ \times\ 40 \\ \hline \end{array}
$$

40 x 64	37 x 23	64 x 70	57 x 55
29 x 56	38 x 18	75 x 96	77 x 36
33 x 18	47 x 80	88 x 90	65 x 80
57 x 72	27 x 17	43 x 63	43 x 57

22 x 18	76 x 78	52 x 87	43 x 43
31 x 44	96 x 98	66 x 79	78 x 46
19 x 40	50 x 80	11 x 19	84 x 37
14 x 38	28 x 92	71 x 60	70 x 96

11 x 31	17 x 14	34 x 38	73 x 67
14 x 56	60 x 88	72 x 50	72 x 67
32 x 44	23 x 89	78 x 87	18 x 30
52 x 49	88 x 17	72 x 98	11 x 27

61 x 93	55 x 40	54 x 24	24 x 97
82 x 53	31 x 89	16 x 14	28 x 94
88 x 66	83 x 65	26 x 81	36 x 97
31 x 58	78 x 53	27 x 39	57 x 19

37 x 63	39 x 47	62 x 72	60 x 23
76 x 31	42 x 71	99 x 62	64 x 99
89 x 22	25 x 14	56 x 10	28 x 60
24 x 82	89 x 54	67 x 11	50 x 52

63 x 61	36 x 99	48 x 16	69 x 28
92 x 33	29 x 98	36 x 62	98 x 27
85 x 14	28 x 36	36 x 49	69 x 41
49 x 49	45 x 63	50 x 67	39 x 30

85 x 15	24 x 94	63 x 55	89 x 78
20 x 37	44 x 83	27 x 42	63 x 69
31 x 27	11 x 62	32 x 93	77 x 75
55 x 23	24 x 75	69 x 38	95 x 14

94 x 49	55 x 72	11 x 42	99 x 26
74 x 86	46 x 79	73 x 34	94 x 38
43 x 29	43 x 12	60 x 57	19 x 63
89 x 45	62 x 82	76 x 81	95 x 31

82 x 40	91 x 77	70 x 10	62 x 44
92 x 71	70 x 77	89 x 84	88 x 84
11 x 86	69 x 62	97 x 83	97 x 85
75 x 58	80 x 52	56 x 79	84 x 88

99 x 85	73 x 36	54 x 37	31 x 45
87 x 83	37 x 68	26 x 44	13 x 61
38 x 61	59 x 19	59 x 46	12 x 57
19 x 47	11 x 46	27 x 91	37 x 49

34 x 74	88 x 72	58 x 18	92 x 62
68 x 46	59 x 81	46 x 39	20 x 36
49 x 66	62 x 89	96 x 11	27 x 28
44 x 68	14 x 23	17 x 18	61 x 65

95 x 32	62 x 66	31 x 68	82 x 15
33 x 25	77 x 67	61 x 93	84 x 74
37 x 34	41 x 43	98 x 60	11 x 47
89 x 84	32 x 45	26 x 67	55 x 52

34 x 60	53 x 42	27 x 97	40 x 50
10 x 88	77 x 68	24 x 71	30 x 16
67 x 72	55 x 83	11 x 18	14 x 22
20 x 65	53 x 25	82 x 46	38 x 90

93 x 99	98 x 70	19 x 29	66 x 64
73 x 74	29 x 67	32 x 60	88 x 13
81 x 16	11 x 86	36 x 74	92 x 23
70 x 40	64 x 25	87 x 53	94 x 90

Name: _____   Date: __/__/__   Score: __/16

37 x 49	85 x 87	87 x 20	26 x 61
76 x 93	13 x 29	53 x 82	64 x 14
33 x 78	16 x 54	67 x 70	60 x 82
56 x 76	25 x 85	16 x 20	17 x 24

Name: _____   Date: __/__/__   Score: __/16

83 x 98	65 x 87	47 x 55	39 x 37
81 x 84	62 x 89	90 x 40	83 x 56
42 x 57	36 x 10	85 x 52	14 x 40
59 x 18	49 x 42	99 x 52	84 x 67

36 x 77	93 x 56	14 x 51	46 x 88
48 x 98	61 x 46	74 x 77	74 x 84
24 x 77	43 x 39	87 x 20	37 x 16
84 x 75	87 x 94	29 x 75	86 x 48

46 x 10	77 x 94	41 x 74	33 x 90
80 x 83	44 x 14	22 x 12	60 x 78
27 x 64	97 x 37	30 x 11	32 x 51
23 x 41	54 x 39	62 x 81	47 x 15

23 x 76	40 x 47	90 x 29	59 x 46
43 x 99	60 x 41	30 x 54	20 x 29
70 x 72	47 x 39	60 x 49	65 x 58
76 x 92	29 x 16	90 x 61	47 x 42

87 x 36	15 x 66	14 x 68	27 x 49
43 x 12	73 x 84	70 x 62	44 x 70
11 x 70	96 x 93	19 x 99	71 x 85
13 x 15	61 x 82	60 x 76	69 x 39

41 x 79	23 x 48	96 x 45	56 x 13
82 x 43	84 x 84	79 x 94	68 x 46
90 x 27	91 x 42	75 x 90	11 x 36
91 x 55	29 x 75	16 x 65	42 x 92

56 x 99	54 x 44	68 x 60	45 x 95
24 x 54	18 x 41	15 x 70	59 x 87
54 x 30	41 x 64	49 x 82	71 x 49
41 x 33	51 x 25	51 x 27	64 x 58

17 x 69	18 x 91	22 x 66	18 x 96
64 x 33	82 x 44	61 x 84	22 x 32
74 x 60	42 x 57	42 x 82	80 x 58
63 x 77	24 x 48	70 x 28	39 x 73

24 x 86	26 x 89	94 x 47	52 x 53
90 x 51	15 x 53	55 x 89	62 x 52
85 x 52	73 x 87	49 x 34	97 x 68
84 x 53	13 x 51	98 x 68	31 x 89

83 x 36	61 x 53	24 x 43	84 x 23
12 x 95	27 x 16	90 x 78	30 x 47
85 x 21	43 x 68	90 x 56	34 x 97
14 x 98	87 x 96	52 x 97	86 x 86

86 x 31	60 x 91	74 x 80	16 x 32
55 x 69	14 x 81	33 x 88	15 x 79
24 x 75	64 x 35	63 x 41	48 x 50
75 x 13	67 x 47	47 x 40	89 x 28

41 x 11	76 x 50	65 x 29	49 x 91
60 x 37	43 x 15	35 x 17	90 x 79
77 x 46	74 x 86	91 x 10	27 x 70
18 x 84	17 x 34	57 x 82	16 x 43

45 x 96	33 x 18	33 x 51	25 x 83
69 x 20	66 x 21	43 x 59	84 x 88
64 x 12	39 x 54	19 x 27	77 x 23
44 x 75	68 x 20	90 x 14	49 x 19

| 17 | 19 | 97 | 71 |
| x 70 | x 43 | x 98 | x 92 |

| 40 | 20 | 16 | 48 |
| x 23 | x 86 | x 90 | x 10 |

| 44 | 35 | 56 | 59 |
| x 65 | x 94 | x 19 | x 32 |

| 99 | 47 | 67 | 66 |
| x 33 | x 83 | x 83 | x 90 |

71 x 71	49 x 91	87 x 27	83 x 45
91 x 46	87 x 65	41 x 52	61 x 23
55 x 64	15 x 19	37 x 42	22 x 88
13 x 55	16 x 89	69 x 77	65 x 90

Name: _____   Date: __/__/__   Score: __/16

55 x 66	96 x 24	46 x 17	53 x 44
81 x 45	70 x 97	49 x 24	31 x 29
97 x 25	31 x 34	63 x 32	94 x 39
65 x 57	46 x 46	82 x 42	38 x 85

53 x 41	10 x 42	53 x 68	56 x 16
19 x 33	64 x 41	80 x 47	57 x 48
89 x 61	35 x 73	69 x 85	37 x 74
66 x 98	65 x 45	25 x 39	19 x 72

Name: _____   Date: __/__/__   Score: __/16

43 x 21	61 x 16	48 x 76	88 x 94
25 x 22	69 x 68	69 x 59	54 x 10
39 x 34	62 x 70	25 x 74	55 x 30
77 x 93	43 x 30	85 x 19	23 x 63

92 x 60	34 x 31	13 x 43	23 x 78
38 x 57	83 x 69	16 x 16	60 x 15
54 x 25	61 x 89	18 x 40	41 x 87
87 x 79	67 x 16	75 x 90	41 x 12

17 x 38	81 x 68	84 x 31	36 x 91
50 x 17	56 x 28	31 x 43	30 x 21
80 x 20	17 x 99	69 x 28	14 x 22
34 x 89	43 x 87	83 x 24	86 x 34

18 x 61	37 x 46	40 x 77	44 x 14
43 x 15	46 x 24	99 x 19	96 x 87
36 x 93	34 x 34	99 x 74	75 x 19
31 x 89	15 x 16	60 x 94	24 x 46

32 x 96	64 x 69	53 x 99	73 x 92
52 x 79	55 x 57	97 x 32	74 x 58
67 x 89	82 x 34	97 x 16	73 x 38
26 x 86	71 x 59	45 x 15	46 x 33

96 x 28	58 x 77	46 x 19	78 x 42
44 x 90	70 x 49	82 x 26	62 x 47
12 x 11	79 x 15	42 x 77	47 x 33
16 x 26	74 x 72	60 x 40	62 x 41

43 x 65	80 x 87	42 x 75	57 x 48
36 x 39	69 x 29	68 x 15	50 x 98
60 x 41	38 x 69	97 x 89	98 x 81
45 x 12	25 x 31	23 x 89	27 x 87

58 x 98	15 x 33	62 x 12	36 x 23
32 x 76	10 x 73	80 x 83	30 x 99
63 x 70	99 x 36	88 x 51	48 x 44
57 x 99	88 x 95	46 x 64	31 x 83

Name: _____   Date: __/__/__   Score: __/16

38 x 71	30 x 54	21 x 50	61 x 62
11 x 36	14 x 97	40 x 20	65 x 11
11 x 81	25 x 17	40 x 26	75 x 60
58 x 65	32 x 90	57 x 72	19 x 82

25 x 67	90 x 91	85 x 21	69 x 45
22 x 63	69 x 10	27 x 77	38 x 59
55 x 40	68 x 50	82 x 22	68 x 85
54 x 85	45 x 37	52 x 95	72 x 25

70 x 95	51 x 69	87 x 71	87 x 58
20 x 92	13 x 29	48 x 31	86 x 12
59 x 52	98 x 83	41 x 99	78 x 73
15 x 29	68 x 94	74 x 72	73 x 30

96 x 18	98 x 66	42 x 86	54 x 40
81 x 60	20 x 84	31 x 67	70 x 36
87 x 20	94 x 67	48 x 53	70 x 96
49 x 79	69 x 17	34 x 81	99 x 59

Name: _____   Date: __/__/__   Score: __/16

56 x 21	36 x 82	13 x 87	71 x 33
82 x 94	25 x 17	26 x 50	82 x 31
10 x 44	58 x 13	85 x 93	45 x 78
21 x 66	95 x 21	78 x 65	15 x 26

Name: _____   Date: __/__/__   Score: __/16

60 x 21	64 x 27	79 x 66	21 x 28
85 x 77	24 x 76	35 x 62	86 x 60
73 x 85	45 x 74	10 x 10	45 x 62
59 x 11	45 x 38	57 x 43	75 x 11

88 x 63	59 x 23	84 x 92	54 x 94
21 x 83	11 x 72	97 x 58	57 x 90
28 x 61	18 x 49	26 x 96	95 x 67
18 x 10	98 x 36	42 x 97	11 x 67

28 x 11	16 x 83	58 x 34	12 x 49
13 x 93	38 x 18	48 x 29	10 x 78
97 x 62	25 x 30	83 x 21	18 x 61
21 x 85	92 x 11	58 x 59	65 x 61

88 x 21	64 x 62	67 x 34	77 x 80
94 x 32	94 x 51	21 x 84	81 x 65
13 x 11	21 x 15	75 x 81	42 x 89
94 x 68	90 x 66	14 x 45	42 x 28

Name: _____   Date: __/__/__   Score: __/16

26 x 33	77 x 24	46 x 82	23 x 28
78 x 14	83 x 74	28 x 93	54 x 40
78 x 55	64 x 39	85 x 90	68 x 33
30 x 48	19 x 91	78 x 20	63 x 69

Name: _____   Date: __/__/__   Score: __/16

23 x 23	30 x 95	26 x 32	19 x 27
41 x 28	18 x 25	11 x 14	41 x 74
33 x 18	62 x 50	44 x 38	90 x 42
79 x 89	41 x 74	97 x 12	31 x 28

19 x 32	28 x 20	61 x 37	20 x 88
27 x 95	73 x 15	50 x 15	83 x 90
21 x 39	46 x 85	38 x 26	16 x 23
96 x 50	21 x 81	47 x 20	56 x 48

30 x 19	13 x 94	73 x 82	12 x 98
51 x 67	97 x 84	61 x 48	68 x 72
49 x 72	70 x 50	69 x 28	35 x 97
49 x 71	58 x 18	52 x 34	90 x 68

20 x 23	68 x 15	75 x 32	81 x 23
97 x 54	60 x 57	94 x 19	84 x 85
39 x 32	39 x 67	85 x 13	71 x 19
15 x 92	47 x 19	52 x 72	26 x 81

Name: _____   Date: __/__/__   Score: __/16

63 x 90	22 x 65	86 x 65	42 x 70
84 x 21	42 x 52	75 x 40	11 x 44
79 x 58	48 x 94	88 x 66	79 x 31
35 x 75	28 x 34	74 x 20	44 x 74

Name: _____   Date: __/__/__   Score: __/16

74 x 25	73 x 87	20 x 69	93 x 80
74 x 54	96 x 76	49 x 21	10 x 24
73 x 29	56 x 56	55 x 35	89 x 49
25 x 58	44 x 24	79 x 42	99 x 49

Name: _____   Date: __/__/__   Score: __/16

88 x 32	46 x 91	98 x 31	78 x 73
69 x 43	71 x 27	40 x 41	36 x 19
14 x 23	89 x 80	73 x 37	18 x 13
17 x 31	86 x 62	92 x 43	13 x 33

28 x 54	75 x 31	30 x 70	40 x 81
64 x 26	49 x 25	13 x 88	61 x 93
91 x 83	49 x 43	79 x 75	70 x 35
37 x 13	19 x 73	60 x 20	52 x 32

46 x 85	68 x 67	84 x 50	88 x 41
19 x 73	54 x 97	16 x 47	29 x 78
13 x 68	82 x 51	67 x 69	43 x 74
42 x 56	32 x 93	60 x 11	74 x 89

47 x 90	60 x 95	51 x 66	45 x 25
35 x 56	19 x 45	40 x 49	34 x 30
35 x 25	99 x 49	44 x 52	29 x 50
26 x 64	48 x 31	36 x 56	52 x 44

64 x 83	13 x 54	60 x 63	85 x 70
82 x 57	32 x 12	25 x 51	66 x 83
76 x 37	69 x 74	74 x 94	59 x 11
76 x 40	56 x 38	76 x 82	67 x 24

98 x 22	36 x 11	37 x 97	89 x 36
87 x 45	67 x 54	33 x 82	17 x 62
52 x 62	74 x 12	89 x 40	30 x 26
15 x 44	56 x 48	58 x 37	20 x 35

Name: _____   Date: __/__/__   Score: __/16

| 18 | 49 | 68 | 34 |
| x 73 | x 89 | x 14 | x 57 |

| 70 | 56 | 11 | 80 |
| x 38 | x 50 | x 98 | x 13 |

| 40 | 23 | 50 | 23 |
| x 69 | x 59 | x 12 | x 25 |

| 36 | 41 | 83 | 65 |
| x 96 | x 92 | x 20 | x 65 |

27	45	66	23
x 14	x 90	x 58	x 60

23	53	94	13
x 51	x 24	x 81	x 83

48	16	36	99
x 24	x 61	x 14	x 52

35	50	67	19
x 93	x 73	x 49	x 22

Name: _____   Date: __/__/__   Score: __/16

32 x 40	34 x 97	32 x 15	69 x 93
74 x 68	42 x 10	20 x 60	80 x 27
51 x 61	23 x 55	21 x 91	30 x 24
29 x 30	88 x 46	46 x 81	36 x 67

12 x 29	12 x 54	42 x 87	87 x 15
69 x 16	46 x 83	28 x 50	49 x 81
50 x 19	81 x 20	90 x 39	75 x 88
85 x 54	14 x 48	92 x 39	11 x 91

| 98 | 51 | 66 | 45 |
| x 40 | x 17 | x 97 | x 37 |

| 90 | 64 | 87 | 10 |
| x 62 | x 99 | x 86 | x 53 |

| 96 | 99 | 59 | 93 |
| x 23 | x 90 | x 49 | x 77 |

| 46 | 70 | 89 | 53 |
| x 90 | x 70 | x 17 | x 93 |

14 x 60	33 x 21	84 x 58	89 x 63
96 x 39	50 x 59	66 x 96	30 x 94
57 x 41	79 x 34	41 x 45	72 x 21
60 x 94	93 x 95	96 x 49	77 x 14

73 x 87	49 x 19	23 x 45	51 x 21
77 x 21	49 x 30	26 x 77	73 x 47
26 x 96	36 x 42	63 x 10	21 x 60
44 x 78	33 x 64	23 x 43	65 x 61

27 x 73	48 x 20	73 x 55	17 x 81
53 x 37	96 x 43	58 x 22	16 x 61
69 x 11	21 x 69	10 x 35	73 x 45
14 x 23	48 x 76	60 x 83	11 x 21

92 x 39	90 x 20	88 x 98	45 x 23
59 x 47	60 x 76	73 x 56	93 x 82
51 x 58	18 x 46	29 x 76	40 x 23
11 x 60	72 x 53	34 x 43	47 x 35

42 x 81	20 x 61	65 x 32	69 x 50
55 x 66	92 x 28	82 x 26	76 x 71
62 x 92	85 x 87	78 x 47	73 x 43
75 x 84	91 x 81	32 x 74	75 x 40

Name: _____   Date: __/__/__   Score: __/16

42 x 63	64 x 23	18 x 31	65 x 30
16 x 33	13 x 38	59 x 55	79 x 99
77 x 97	78 x 89	39 x 22	79 x 74
94 x 14	52 x 71	48 x 13	18 x 73

Name: _____   Date: __/__/__   Score: __/16

98 x 96	17 x 62	21 x 40	17 x 86
49 x 14	96 x 52	78 x 26	28 x 60
56 x 33	74 x 11	88 x 77	31 x 32
29 x 61	58 x 36	72 x 22	50 x 55

37 x 64	76 x 15	75 x 83	69 x 26
36 x 56	88 x 11	37 x 47	25 x 21
15 x 47	37 x 83	41 x 91	60 x 98
92 x 93	56 x 24	58 x 19	52 x 59

13 x 21	69 x 56	76 x 97	83 x 26
20 x 79	91 x 13	76 x 86	12 x 98
37 x 74	40 x 28	40 x 77	99 x 50
95 x 63	54 x 52	97 x 49	31 x 78

Made in United States
Orlando, FL
06 October 2024

52425247R00057